La luz

Grace Hansen

Abdo Kids Jumbo es una subdivisión de Abdo Kids
abdobooks.com

abdobooks.com

Published by Abdo Kids, a division of ABDO, P.O. Box 398166, Minneapolis, Minnesota 55439.
Copyright © 2019 by Abdo Consulting Group, Inc. International copyrights reserved in all countries.
No part of this book may be reproduced in any form without written permission from the publisher.
Abdo Kids Jumbo™ is a trademark and logo of Abdo Kids.

102018
012019

THIS BOOK CONTAINS
RECYCLED MATERIALS

Spanish Translator: Maria Puchol

Photo Credits: iStock, Science Source, Shutterstock

Production Contributors: Teddy Borth, Jennie Forsberg, Grace Hansen

Design Contributors: Dorothy Toth, Laura Mitchell

Library of Congress Control Number: 2018953940

Publisher's Cataloging-in-Publication Data

Names: Hansen, Grace, author.

Title: La luz / by Grace Hansen.

Other title: Light

Description: Minneapolis, Minnesota : Abdo Kids, 2019 | Series: La ciencia básica
    | Includes online resources and index.

Identifiers: ISBN 9781532183898 (lib. bdg.) | ISBN 9781641857314 (pbk.) | ISBN 9781532184970 (ebook)

Subjects: LCSH: Light and darkness--Juvenile literature. | Light--Juvenile
    literature. | Spanish language materials--Juvenile literature.

Classification: DDC 535--dc23

Contenido

¿Qué es la luz?

La luz es una forma de energía.

La luz se puede conseguir del calor. Cuando cualquier **materia** se calienta, aumenta su energía. Una forma de deshacerse de esa energía es **emitiendo** luz.

El Sol está muy caliente.

¡**Emite** mucha luz!

9

Espectro visible

Los ojos de los humanos
pueden ver bien la luz que
emite el Sol. Es lo que
llamamos **espectro visible**.

La luz viaja en forma de ondas.
¡Viaja muy rápido! Están
formadas por campos eléctricos
y magnéticos. Las ondas tienen
diferente **longitud de onda**.

13

La energía de la luz depende de su **longitud de onda**. Los humanos vemos esas diferentes energías en forma de colores.

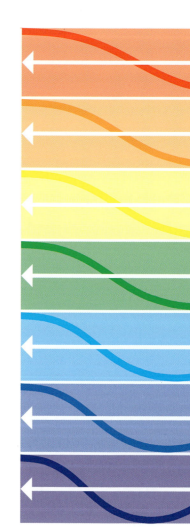

Longitud de onda

Onda de radio

Microondas

Infrarrojo

Espectro visible

Ultravioleta

Rayos X

Rayos gamma

Cuanto más corta la **longitud de onda** más energía tiene. El color violeta tiene una longitud de onda corta.

17

Cuanto mayor sea la **longitud de onda**, menor es la energía. El color rojo tiene una longitud de onda larga.

19

¡La luz son ondas y partículas!

Albert Einstein explicó que la luz estaba formada por algo más que ondas. La luz se transporta a través de **fotones**. ¡Esto significa que la luz también es una **partícula**!

Efecto fotoeléctrico

la luz con longitud de onda corta tiene fotones con alto nivel de energía

los fotones transfieren energía a los electrones

los electrones se liberan del metal

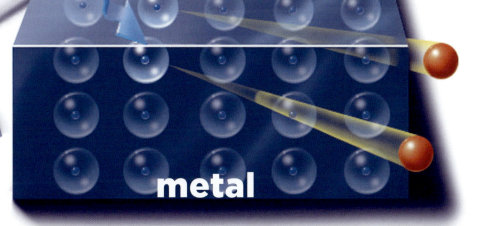

metal

¡A repasar!

- La luz no son sólo ondas, sino también **partículas**.

- El **espectro visible** es la luz que el ojo humano puede ver.

- La luz viaja muy rápido por ondas transportadas por **fotones**.

- La energía y el color de la luz dependen de su **longitud de onda**.

Glosario

electrones – partículas minúsculas con carga eléctrica negativa.

emitir – despedir.

espectro visible – luz que los humanos pueden ver dentro de un rango de longitud de onda y frecuencia.

fotones – diminuto paquete de luz sin masa ni carga eléctrica. Es la unidad básica de luz que funciona como onda y partícula. Puede interactuar con otras partículas.

longitud de onda – distancia entre las crestas de una onda.

materia – todo aquello que tiene masa y ocupa un espacio.

partícula – unidad básica de materia, como los fotones y los electrones.

23

Índice

Abdo Kids
ONLINE
FREE! ONLINE MULTIMEDIA RESOURCES

¡Visita nuestra página
abdokids.com y usa este código
para tener acceso a juegos,
manualidades, videos y mucho más!

Código Abdo Kids:
BLK8099